Liberarsi dal Gioco d'Azzardo: Una Guida Pratica per Riconquistare il Controllo della Tua Vita

Accademia LD

- **Debiti e Bancarotta:** Accumulare debiti significativi che possono portare alla bancarotta.
- **Perdita di Beni:** Vendere proprietà o beni per finanziare il gioco.

Conseguenze Relazionali

- **Conflitti Familiari:** Litigi e tensioni con partner, familiari e amici.
- **Perdita di Fiducia:** Tradimento della fiducia di persone care a causa di bugie e segreti.

Conseguenze sulla Salute

- **Stress e Ansia:** Aumento dei livelli di stress e ansia legati alla dipendenza.
- **Depressione e Suicidio:** La dipendenza può portare a depressione grave e, in casi estremi, a pensieri suicidi.

Ciclo della Dipendenza

Inizio della Dipendenza

Prefazione

Il gioco d'azzardo è una dipendenza insidiosa e subdola, capace di insinuarsi nella vita delle persone in modo silenzioso, ma devastante. Spesso inizia come un passatempo innocuo, per poi trasformarsi in un comportamento compulsivo che rovina finanze, relazioni, e l'equilibrio mentale ed emotivo di chi ne soffre. Tuttavia, la dipendenza dal gioco d'azzardo non è una battaglia persa. È possibile, con il giusto approccio, riconquistare il controllo della propria vita.

Questo libro è stato concepito come una guida pratica e accessibile per coloro che desiderano liberarsi dalla morsa del gioco d'azzardo. Non si limita a offrire consigli teorici, ma propone un percorso concreto, articolato in fasi ben definite, che accompagna il lettore passo dopo passo verso la guarigione. Ogni capitolo è stato studiato per affrontare un aspetto specifico della dipendenza, offrendo strumenti e strategie comprovate per affrontare e superare le sfide che si presentano lungo il cammino.

Attraverso il riconoscimento del problema, la creazione di un piano di recupero, la ricerca del

supporto giusto e l'applicazione di tecniche per prevenire le ricadute, il lettore sarà guidato in un percorso di cambiamento profondo. L'approccio di questo libro è olistico, considerando non solo la dimensione psicologica della dipendenza, ma anche gli aspetti finanziari, relazionali e sociali.
È importante sottolineare che questo libro non pretende di essere un sostituto della terapia professionale, ma piuttosto un complemento, un supporto prezioso per coloro che stanno cercando di superare la dipendenza dal gioco d'azzardo.

Le storie reali e gli esempi pratici contenuti nel testo, come quella di Marco, testimoniano che il cambiamento è possibile. Con determinazione, supporto adeguato e le giuste risorse, chiunque può riuscire a liberarsi dal gioco d'azzardo e costruire una vita nuova, più equilibrata e soddisfacente. Speriamo che questo libro possa essere una fonte di ispirazione e un utile strumento per tutti coloro che stanno lottando contro questa dipendenza, così come per i loro familiari e amici.

La strada verso la guarigione non è facile, ma è percorribile. Con questo libro, vogliamo aiutare il lettore a intraprendere questo cammino con fiducia, sapendo che non è mai solo in questa battaglia.

Ringraziamenti

Vorremmo ringraziare tutte le persone che hanno condiviso le loro esperienze, le loro sfide e i loro successi con noi. Le vostre storie hanno arricchito questo libro e speriamo che possano ispirare e motivare altri nel loro percorso verso la libertà dal fumo.

Accademia LD

INDICE

CAPITOLO 1: INTRODUZIONE AL GIOCO D'AZZARDO 11

CAPITOLO 2: COMPRENDERE LA DIPENDENZA DAL GIOCO D'AZZARDO 16

CAPITOLO 3: EFFETTI DEL GIOCO D'AZZARDO SULLA VITA QUOTIDIANA.................23

CAPITOLO 4: AUTO-VALUTAZIONE E RICONOSCIMENTO DEL PROBLEMA.................29

CAPITOLO 5: STRATEGIE DI AUTOGESTIONE 35

CAPITOLO 6: TERAPIE E TRATTAMENTI PROFESSIONALI.............42

CAPITOLO 7: RICOSTRUIRE LA VITA DOPO LA DIPENDENZA 52

CAPITOLO 8: MANTENERE IL RECUPERO A LUNGO TERMINE.....62

CAPITOLO 9: RESTITUIRE ALLA COMUNITÀ E IMPEGNO SOCIALE 70

CAPITOLO 10: RISORSE E STRUMENTI PER IL RECUPERO CONTINUO.................79

CAPITOLO FINALE: RIASSUNTO E CONCLUSIONI 87

Capitolo 1: Introduzione al Gioco d'Azzardo

L'introduzione al gioco d'azzardo offre una panoramica essenziale per comprendere la portata e l'impatto di questa attività. Conoscere le diverse tipologie, la storia e le implicazioni economiche e sociali del gioco d'azzardo è fondamentale per affrontare il problema della dipendenza e sviluppare strategie efficaci per superarlo.

Definizione di Gioco d'Azzardo

Il gioco d'azzardo è definito come l'atto di scommettere denaro o altri valori su eventi con esiti incerti, principalmente per ottenere un guadagno finanziario. Può includere una vasta gamma di attività, da giochi di carte come il poker alle scommesse sportive, alle lotterie e ai giochi da casinò.

Tipologie di Gioco d'Azzardo

- **Casinò:** Include giochi come slot machine, roulette, blackjack e baccarat.
- **Scommesse Sportive:** Puntate su eventi sportivi, corse di cavalli, gare automobilistiche e altri eventi competitivi.
- **Lotterie e Gratta e Vinci:** Giochi basati sull'acquisto di biglietti con numeri o simboli che determinano vincite casuali.
- **Giochi di Carte:** Poker, bridge e altri giochi di carte che possono coinvolgere scommesse.
- **Giochi Online:** Versioni digitali di giochi da casinò, scommesse sportive e lotterie.
- **Giochi di Abilità con Scommesse:** Competizioni in cui l'abilità del giocatore influisce sull'esito, come il poker.

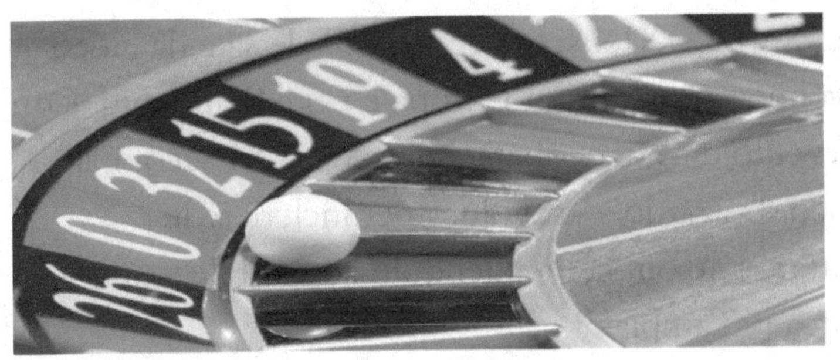

Storia ed Evoluzione del Gioco d'Azzardo

Origini Antiche

Il gioco d'azzardo ha radici antiche, con evidenze di attività di scommessa che risalgono a migliaia di anni fa. I primi giochi erano spesso legati a riti religiosi e cerimonie.

Medioevo e Rinascimento

Durante il Medioevo, il gioco d'azzardo era comune tra le varie classi sociali, con regolamentazioni e divieti variabili.

Nel Rinascimento, il gioco d'azzardo iniziò a diventare più organizzato, con la nascita delle prime case da gioco.

Età Moderna e Contemporanea

Nel XVIII e XIX secolo, i casinò e le sale da gioco divennero popolari in Europa e negli Stati Uniti. Con l'avvento della tecnologia nel XX e XXI secolo, il gioco d'azzardo si è evoluto per includere le piattaforme online, rendendolo accessibile a una platea più ampia.

Impatto Sociale ed Economico

Benefici Economici

Il gioco d'azzardo può generare significative entrate fiscali per i governi attraverso tasse e regolamentazioni. Inoltre, può creare posti di lavoro e stimolare l'economia locale attraverso il turismo e l'industria dell'intrattenimento.

Costi Sociali

Nonostante i benefici economici, il gioco d'azzardo comporta anche costi sociali. Le dipendenze possono portare a problemi finanziari, familiari e di salute mentale. L'aumento della criminalità e delle frodi è spesso associato alle aree con elevata attività di gioco d'azzardo.

Controversie e Regolamentazioni

Il gioco d'azzardo è spesso oggetto di dibattito pubblico e legislativo. Le normative variano ampiamente da paese a paese, con alcune nazioni che implementano regolamentazioni rigide e altre che permettono un mercato più libero.

Capitolo 2: Comprendere la Dipendenza dal Gioco d'Azzardo

Comprendere la dipendenza dal gioco d'azzardo è il primo passo fondamentale per affrontarla efficacemente. Conoscere i fattori psicologici e biologici, i sintomi e le conseguenze può aiutare le persone a riconoscere la propria dipendenza e cercare l'aiuto necessario.

Cos'è la Dipendenza dal Gioco d'Azzardo?

Definizione

La dipendenza dal gioco d'azzardo, anche conosciuta come ludopatia, è un disturbo comportamentale caratterizzato dall'incapacità di resistere all'impulso di giocare d'azzardo, nonostante le conseguenze negative per la propria vita. È classificata come una dipendenza comportamentale, simile alla dipendenza da sostanze.

Differenza tra Gioco Ricreativo e Dipendenza

- **Gioco Ricreativo:** Partecipare al gioco d'azzardo per divertimento, senza che questo influisca negativamente sulla propria vita.
- **Dipendenza:** Quando il gioco d'azzardo diventa compulsivo e inizia a interferire con le finanze, il lavoro, le relazioni e la salute mentale.

Fattori Psicologici e Biologici

Fattori Psicologici

- **Ricerca del Piacere:** Il gioco d'azzardo stimola il rilascio di dopamina nel cervello, creando una sensazione di piacere e ricompensa.
- **Evasione e Sollievo:** Alcune persone giocano d'azzardo per sfuggire a stress, ansia, depressione o altre emozioni negative.

- **Illusione di Controllo:** La convinzione erronea di poter controllare o prevedere gli esiti del gioco può alimentare la dipendenza.

Fattori Biologici

- **Genetica:** Studi suggeriscono che la predisposizione alla dipendenza può avere componenti genetiche.
- **Neurobiologia:** Le alterazioni nei circuiti cerebrali che regolano la ricompensa e l'autocontrollo possono aumentare il rischio di dipendenza.

Sintomi e Segnali di Allarme

Sintomi Comuni

- **Preoccupazione Costante:** Pensare continuamente al gioco d'azzardo.
- **Aumento delle Scommesse:** Necessità di scommettere somme di denaro sempre maggiori per ottenere eccitazione.

- **Perdita di Controllo:** Tentativi falliti di ridurre o smettere di giocare.
- **Bugie e Segreti:** Mentire a familiari e amici riguardo il tempo e il denaro speso nel gioco d'azzardo.
- **Comportamenti Illegali:** Commettere furti o frodi per finanziare il gioco d'azzardo.
- **Problemi Relazionali:** Conflitti con familiari e amici a causa del gioco.

Segnali di Allarme

- **Cambiare Abitudini:** Trascurare impegni lavorativi o scolastici.
- **Problemi Finanziari:** Accumulare debiti o chiedere prestiti per giocare.
- **Isolamento Sociale:** Ridurre le interazioni sociali per dedicare più tempo al gioco.
- **Alterazioni dell'Umore:** Mostrare irritabilità, ansia o depressione quando non si può giocare.

Conseguenze della Dipendenza dal Gioco d'Azzardo

Conseguenze Finanziarie

- **Esperienza Iniziale:** La prima esperienza di gioco può essere casuale e piacevole.
- **Progressione:** Aumenta la frequenza e l'importanza del gioco nella vita della persona.

Mantenimento della Dipendenza

- **Comportamento Compulsivo:** Il gioco d'azzardo diventa un'abitudine consolidata e difficile da interrompere.
- **Conseguenze Negative:** Nonostante le conseguenze negative, la persona continua a giocare.

Tentativi di Interruzione e Ricadute

- **Tentativi di Smettere:** La persona può provare a smettere, ma spesso fallisce.
- **Ricadute:** Dopo brevi periodi di astinenza, ritorna al gioco d'azzardo.

Nel prossimo capitolo, esploreremo gli effetti del gioco d'azzardo sulla vita quotidiana, esaminando come questa dipendenza può influenzare diversi aspetti della vita di una persona.

Capitolo 3: Effetti del Gioco d'Azzardo sulla Vita Quotidiana

Il gioco d'azzardo ha effetti devastanti sulla vita quotidiana di chi ne è dipendente. Dall'accumulo di debiti e problemi finanziari alle relazioni danneggiate, alla salute mentale e fisica compromessa, è evidente quanto possa essere pervasivo l'impatto di questa dipendenza. Riconoscere questi effetti è un passo cruciale per motivare chi ne soffre a cercare aiuto e iniziare il percorso di recupero.

Impatti Finanziari e Debiti

Accumulo di Debiti

Il gioco d'azzardo può portare rapidamente all'accumulo di debiti significativi. I giocatori spesso ricorrono a carte di credito, prestiti bancari o chiedono denaro in prestito a familiari e amici per continuare a scommettere. Questo può portare a una spirale di debiti difficile da gestire e risolvere.

Perdita di Beni e Risparmi

Molte persone affette da dipendenza dal gioco d'azzardo finiscono per perdere i loro risparmi, beni personali e persino proprietà immobiliari. Il desiderio di recuperare le perdite porta spesso a ulteriori scommesse, aggravando la situazione finanziaria.

Problemi Legali e Bancarotta

Il gioco d'azzardo compulsivo può condurre a problemi legali, inclusa la bancarotta personale. L'incapacità di pagare i debiti può portare a cause legali e al pignoramento dei beni.

Conseguenze sulle Relazioni Personali Conflitti Familiari

Il gioco d'azzardo crea tensioni e conflitti all'interno della famiglia. Partner, figli e altri membri della famiglia possono sentirsi traditi e frustrati, portando a liti frequenti e, in alcuni casi, alla rottura delle relazioni.

Isolamento Sociale

Le persone affette da dipendenza dal gioco d'azzardo spesso si isolano dai loro amici e dalla famiglia. La vergogna, il senso di colpa e il desiderio di nascondere la loro attività possono portare all'isolamento sociale.

Perdita di Fiducia

La perdita di fiducia è comune nelle relazioni personali dei giocatori compulsivi. Le bugie e i segreti legati al gioco d'azzardo danneggiano la fiducia reciproca, rendendo difficile ricostruire i rapporti.

Effetti sulla Salute Mentale e Fisica

Stress e Ansia

Il continuo preoccuparsi per le perdite finanziarie e il desiderio di scommettere crea livelli elevati di stress e ansia. Questo può portare a disturbi del sonno, affaticamento e altre condizioni legate allo stress.

Depressione e Pensieri Suicidi

La dipendenza dal gioco d'azzardo è strettamente legata alla depressione. I sentimenti di disperazione e impotenza possono diventare così intensi da portare a pensieri suicidi. È fondamentale riconoscere questi segnali e cercare immediatamente aiuto professionale.

Problemi Fisici

Il gioco d'azzardo può anche avere ripercussioni fisiche, tra cui mal di testa, problemi gastrointestinali e altre condizioni legate allo stress. La trascuratezza della propria salute fisica è comune tra i giocatori compulsivi.

Impatti Sul Lavoro e sulla Carriera

Diminuzione delle Prestazioni

La dipendenza dal gioco d'azzardo può portare a una diminuzione delle prestazioni lavorative. La mancanza di concentrazione, l'assenza dal lavoro e la diminuzione della produttività sono comuni.

Perdita del Lavoro

I problemi legati al gioco d'azzardo possono portare alla perdita del lavoro. Le assenze frequenti, le performance scadenti e i conflitti con i colleghi o i superiori possono risultare in licenziamenti o dimissioni forzate.

Opportunità di Carriera Compromesse

La reputazione professionale di una persona può essere gravemente danneggiata dalla dipendenza dal gioco d'azzardo. Questo può limitare le opportunità di avanzamento di carriera e compromettere la capacità di trovare nuove opportunità lavorative.

Impatti Sociali e Legali

Stigmatizzazione Sociale

Le persone con dipendenza dal gioco d'azzardo spesso affrontano la stigmatizzazione sociale. La percezione negativa da parte della società può portare all'isolamento e a ulteriori difficoltà nel cercare aiuto.

Problemi Legali

La necessità di finanziare il gioco d'azzardo può portare a comportamenti illegali come furto, frode o appropriazione indebita. Questi comportamenti possono portare a conseguenze legali severe, tra cui arresto e condanna.

Nel prossimo capitolo, esploreremo l'importanza dell'auto-valutazione e del riconoscimento del problema, fornendo strumenti e tecniche per identificare la dipendenza e prendere i primi passi verso la guarigione.

Capitolo 4: Auto-Valutazione e Riconoscimento del Problema

L'auto-valutazione e il riconoscimento del problema sono fondamentali per iniziare il percorso di recupero dalla dipendenza dal gioco d'azzardo. Utilizzando strumenti di autovalutazione, riconoscendo i propri comportamenti e chiedendo supporto ai propri cari, è possibile prendere i primi passi verso una vita senza gioco d'azzardo.

4.1 Strumenti e Test di Autovalutazione

Questionari di Autovalutazione

Utilizzare questionari standardizzati può aiutare a identificare la presenza di una dipendenza dal gioco d'azzardo. Alcuni dei più comuni includono:

- **South Oaks Gambling Screen (SOGS):** Un questionario di autovalutazione che aiuta a determinare la gravità del problema di gioco.

- **Gambling Severity Index (GSI):** Uno strumento che misura la frequenza e l'intensità del comportamento di gioco.
- **Problem Gambling Severity Index (PGSI):** Un questionario breve che valuta i comportamenti e le conseguenze del gioco d'azzardo.

Osservazione del Comportamento

Annotare i propri comportamenti legati al gioco d'azzardo può essere utile. Tenere un diario delle attività di gioco, includendo frequenza, durata e importi spesi, può offrire una panoramica chiara del problema.

Riconoscere e Accettare la Propria Dipendenza

Negazione e Riconoscimento

La negazione è comune tra i giocatori compulsivi. Riconoscere e accettare di avere un problema è il primo passo verso la guarigione. Questo può includere:

- **Confronto con la Realtà:** Confrontarsi con i fatti e le conseguenze del proprio comportamento.

- **Feedback da Altri:** Ascoltare le preoccupazioni di familiari e amici può aiutare a riconoscere il problema.

Superare la Vergogna e il Senso di Colpa

Molte persone provano vergogna e senso di colpa per la loro dipendenza. È importante ricordare che la dipendenza è una malattia e che chiedere aiuto è un atto di coraggio, non di debolezza.

Storie di Successo e Testimonianze

Ispirazione dalle Esperienze Altrui

Leggere e ascoltare storie di successo di persone che hanno superato la dipendenza dal gioco d'azzardo può essere motivante. Queste testimonianze offrono speranza e mostrano che il recupero è possibile.

Partecipazione a Gruppi di Supporto

Partecipare a gruppi di supporto come Giocatori Anonimi può fornire un ambiente sicuro e di supporto per condividere esperienze e ricevere incoraggiamento.

Identificazione dei Fattori Scatenanti

Fattori Emotivi e Situazionali

Identificare i fattori scatenanti che portano al gioco d'azzardo è cruciale. Questi possono includere:

- **Emozioni Negative:** Stress, ansia, depressione, solitudine.
- **Situazioni Specifiche:** Andare al casinò, frequentare amici che giocano, noia.

Strategie per Gestire i Fattori Scatenanti

Una volta identificati i fattori scatenanti, è possibile sviluppare strategie per evitarli o gestirli in modo più efficace. Questo può includere:

- **Evitare Luoghi e Persone:** Stare lontano da casinò, sale da gioco e compagnie che promuovono il gioco d'azzardo.
- **Sostituire il Comportamento:** Trovare attività alternative che offrano lo stesso livello di eccitazione o sollievo.

Coinvolgere i Propri Cari nel Processo

Apertura e Onestà

Parlare apertamente e onestamente con familiari e amici della propria dipendenza è un passo importante. Questo può aiutare a creare una rete di supporto e responsabilità.

Chiedere Supporto

Chiedere aiuto ai propri cari può facilitare il processo di recupero. Questo può includere:

- **Supporto Emotivo:** Ascolto e comprensione.
- **Supporto Pratico:** Aiuto nella gestione finanziaria e nella ricerca di trattamenti professionali.

Stabilire Obiettivi di Recupero

Obiettivi a Breve Termine

Stabilire obiettivi realistici e raggiungibili a breve termine può aiutare a mantenere la motivazione. Questi possono includere:

- **Riduzione del Tempo di Gioco:** Gradualmente diminuire il tempo speso nel gioco d'azzardo.
- **Gestione Finanziaria:** Creare un budget e rispettarlo.

Obiettivi a Lungo Termine

Stabilire obiettivi a lungo termine può aiutare a mantenere la rotta nel processo di recupero. Questi possono includere:

- **Astinenza Completa:** Lavorare verso la totale astinenza dal gioco d'azzardo.
- **Miglioramento delle Relazioni:** Ricostruire e migliorare le relazioni con familiari e amici.

Nel prossimo capitolo, esploreremo le strategie di autogestione che possono aiutare a mantenere il controllo e costruire nuove abitudini sane.

Capitolo 5: Strategie di Autogestione

Le strategie di autogestione sono fondamentali per mantenere il controllo e promuovere una vita sana e equilibrata. Implementare tecniche di gestione dello stress, sviluppare nuove abitudini, stabilire una routine strutturata e coinvolgere una rete di supporto sono passi cruciali per il recupero dalla dipendenza dal gioco d'azzardo.

Tecniche di Gestione dello Stress

Esercizi di Respirazione e Meditazione

Praticare esercizi di respirazione e meditazione può aiutare a ridurre lo stress e l'ansia, comuni tra le persone con dipendenza dal gioco d'azzardo. Tecniche come il respiro profondo, la meditazione mindfulness e la visualizzazione guidata possono calmare la mente e migliorare la concentrazione.

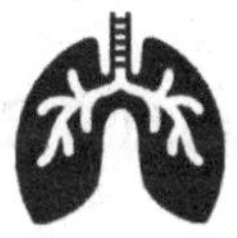

Attività Fisica Regolare

L'attività fisica regolare è un ottimo modo per gestire lo stress. Esercizi come la corsa, il nuoto, il ciclismo e lo yoga rilasciano endorfine, che migliorano l'umore e riducono lo stress. Stabilire una routine di esercizio può anche offrire una distrazione salutare dal desiderio di giocare d'azzardo.

Tecniche di Rilassamento

Praticare tecniche di rilassamento come il rilassamento muscolare progressivo, il tai chi e i massaggi può aiutare a ridurre la tensione fisica e mentale. Queste tecniche possono essere integrate nella routine quotidiana per migliorare il benessere generale.

Scoprire Nuovi Interessi

Trovare nuovi hobby e interessi può aiutare a sostituire il tempo e l'energia dedicati al gioco d'azzardo. Attività come la lettura, la cucina, il giardinaggio, l'arte e la musica possono offrire piacere e soddisfazione senza i rischi associati al gioco d'azzardo.

Partecipazione a Gruppi e Club

Unirsi a gruppi o club che condividono interessi comuni può fornire un senso di appartenenza e supporto. Gruppi di lettura, club sportivi, corsi di arte o musica, e organizzazioni di volontariato possono offrire opportunità per socializzare e impegnarsi in attività costruttive.

Educazione e Formazione

Investire nel proprio sviluppo personale attraverso l'educazione e la formazione può essere una strategia efficace. Seguire corsi online, partecipare a workshop e seminari, o perseguire una nuova qualifica professionale può offrire una direzione positiva e costruttiva per il futuro.

L'Importanza della Routine e della Disciplina

Creazione di una Routine Quotidiana

Stabilire una routine quotidiana strutturata può aiutare a mantenere il controllo e a ridurre il desiderio di giocare d'azzardo. Pianificare il tempo per il lavoro, l'esercizio, il riposo e le attività sociali può creare un equilibrio salutare.

Monitoraggio dei Progressi

Tenere traccia dei propri progressi nel recupero può essere motivante. Mantenere un diario in cui annotare le sfide superate, i successi ottenuti e le lezioni apprese può aiutare a mantenere la rotta e a celebrare i progressi.

Automotivazione e Autosostegno

Utilizzare tecniche di automotivazione e autosostegno può rafforzare la determinazione a smettere di giocare d'azzardo. Affermazioni positive, visualizzazioni del successo e ricompense per i piccoli traguardi raggiunti possono aumentare la motivazione e l'autoefficacia.

Gestione delle Finanze Personali

Creare un Budget

Creare un budget dettagliato può aiutare a gestire le finanze in modo più efficace e a prevenire la tentazione di spendere denaro nel gioco d'azzardo. Monitorare le entrate e le uscite, stabilire limiti di spesa e risparmiare per obiettivi specifici sono passaggi fondamentali.

Limitare l'Accesso al Denaro

Limitare l'accesso al denaro può aiutare a ridurre l'impulso di giocare. Questo può includere la gestione congiunta delle finanze con un partner o un familiare di fiducia, l'uso di conti bancari con accesso limitato e l'evitare di portare con sé grandi somme di denaro o carte di credito.

Consulenza Finanziaria

Rivolgersi a un consulente finanziario può offrire supporto professionale nella gestione dei debiti e nella pianificazione finanziaria a lungo termine. Un consulente può aiutare a creare piani di pagamento, negoziare con i creditori e stabilire strategie per migliorare la salute finanziaria.

Costruire una Rete di Supporto

Coinvolgere Familiari e Amici

Coinvolgere familiari e amici nel processo di recupero può fornire un sostegno emotivo e pratico indispensabile. Essere aperti e onesti riguardo alle proprie sfide e chiedere aiuto quando necessario può rafforzare le relazioni e creare un ambiente di supporto.

Partecipazione a Gruppi di Supporto

Partecipare a gruppi di supporto come Giocatori Anonimi offre un'opportunità per condividere esperienze, ricevere consigli e ottenere sostegno da persone che stanno affrontando le stesse difficoltà. Questi gruppi forniscono un ambiente sicuro e non giudicante per il recupero.

Consulenza Professionale

Rivolgersi a un terapeuta o un consulente specializzato in dipendenze può offrire un supporto professionale prezioso. La terapia individuale, di coppia o familiare può aiutare a esplorare le radici della dipendenza, sviluppare strategie di coping e migliorare le relazioni interpersonali.

Utilizzo di Tecnologie e Risorse Digitali

Applicazioni di Autogestione

Utilizzare applicazioni di autogestione può aiutare a monitorare i progressi e a mantenere la motivazione. App dedicate al recupero dal gioco d'azzardo offrono strumenti per la gestione dello stress, il monitoraggio delle finanze e il supporto emotivo.

Risorse Online e Forum

Esplorare risorse online e partecipare a forum di supporto può offrire ulteriori informazioni e connessioni con persone che affrontano la stessa sfida. Blog, articoli, video e webinar possono fornire strategie e ispirazione per il recupero.

Capitolo 6: Terapie e Trattamenti Professionali

Il trattamento professionale è essenziale per affrontare efficacemente la dipendenza dal gioco d'azzardo. Dalla terapia cognitivo-comportamentale e la terapia familiare ai programmi residenziali e ambulatoriali, esistono molteplici opzioni di trattamento per supportare il recupero. Le terapie farmacologiche, i gruppi di supporto e le tecniche di mindfulness possono offrire ulteriori benefici, mentre la pianificazione per la prevenzione delle ricadute è fondamentale per mantenere i progressi.

Importanza del Trattamento Professionale

Necessità di Supporto Professionale

Affrontare la dipendenza dal gioco d'azzardo spesso richiede l'intervento di professionisti esperti in trattamenti per le dipendenze. Il supporto professionale può fornire gli strumenti, le tecniche e il sostegno necessari per il recupero.

Vantaggi del Trattamento Strutturato

I trattamenti strutturati offrono un approccio sistematico e basato su evidenze scientifiche per affrontare la dipendenza. I benefici includono:

- **Approcci personalizzati:** Trattamenti adattati alle esigenze individuali.
- **Supporto continuo:** Monitoraggio e sostegno durante l'intero percorso di recupero.
- **Riduzione del rischio di ricadute:** Strategie e tecniche per prevenire le ricadute.
-

Terapie Cognitivo-Comportamentali (CBT)

Panoramica della CBT

La terapia cognitivo-comportamentale (CBT) è una delle forme di trattamento più efficaci per la dipendenza dal gioco d'azzardo. La CBT si concentra sull'identificazione e la modifica dei pensieri e dei comportamenti negativi.

Tecniche CBT Utilizzate nel Trattamento

- **Ristrutturazione Cognitiva:** Aiuta a riconoscere e modificare i pensieri distorti legati al gioco d'azzardo.

- **Esposizione e Prevenzione della Risposta:** Espone gradualmente la persona alle situazioni di gioco senza permettere il comportamento compulsivo.
- **Pianificazione delle Attività:** Incoraggia la pianificazione di attività positive per sostituire il gioco d'azzardo.

Efficacia della CBT

La CBT è supportata da numerosi studi che dimostrano la sua efficacia nel ridurre i comportamenti di gioco compulsivo e migliorare il benessere generale. È spesso utilizzata in combinazione con altri trattamenti per massimizzare i risultati.

Terapia Familiare e di Coppia

Ruolo della Famiglia nel Recupero

La famiglia gioca un ruolo cruciale nel supporto al recupero dalla dipendenza dal gioco d'azzardo. La terapia familiare può aiutare a risolvere i conflitti, migliorare la comunicazione e costruire un ambiente di sostegno.

Obiettivi della Terapia Familiare

- **Risoluzione dei Conflitti:** Affrontare e risolvere i conflitti legati alla dipendenza.
- **Supporto Reciproco:** Rafforzare il sostegno reciproco e la comprensione.
- **Sviluppo di Strategie di Coping:** Aiutare i membri della famiglia a sviluppare strategie per gestire lo stress e le sfide legate alla dipendenza.

Terapia di Coppia

La terapia di coppia si concentra specificamente sulle dinamiche della relazione e sui modi per rafforzare il legame tra i partner, aiutandoli a superare le sfide della dipendenza insieme.

Programmi di Trattamento Residenziale e Ambulatoriale

Programmi Residenziali

I programmi residenziali offrono un ambiente strutturato e di supporto dove le persone possono concentrarsi completamente sul loro recupero. Questi programmi includono:

- **Supporto 24/7:** Accesso continuo a professionisti e sostegno.
- **Ambiente Privo di Distrazioni:** Un ambiente controllato che elimina i fattori scatenanti esterni.
- **Trattamento Intensivo:** Sessioni di terapia intensiva e attività terapeutiche giornaliere.

Programmi Ambulatoriali

I programmi ambulatoriali permettono alle persone di continuare a vivere a casa mentre partecipano al trattamento. Questi programmi offrono:

- **Flessibilità:** Permettono di continuare a lavorare o studiare mentre si riceve il trattamento.
- **Supporto Continuo:** Sessioni di terapia regolari e accesso a gruppi di supporto.
- **Integrazione nella Vita Quotidiana:** Aiutano a integrare le strategie di recupero nella vita quotidiana.

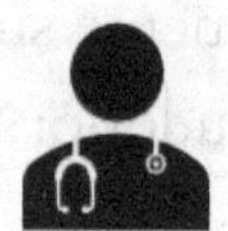

Terapie Farmacologiche
Utilizzo di Farmaci nel Trattamento
In alcuni casi, i farmaci possono essere utilizzati per aiutare a gestire i sintomi della dipendenza dal gioco d'azzardo, come l'ansia e la depressione. I farmaci non curano la dipendenza, ma possono supportare il processo di recupero.

Tipi di Farmaci Utilizzati

- **Antidepressivi:** Utilizzati per trattare la depressione associata alla dipendenza.
- **Stabilizzatori dell'Umore:** Utilizzati per gestire l'ansia e i disturbi dell'umore.
- **Antagonisti degli Oppioidi:** Possono ridurre il piacere derivato dal gioco d'azzardo.

Efficacia e Considerazioni
L'efficacia dei farmaci varia da persona a persona. È importante lavorare con un medico per trovare il trattamento farmacologico più adatto e monitorare eventuali effetti collaterali.

Gruppi di Supporto e Terapie di Gruppo

Giocatori Anonimi (GA)

Giocatori Anonimi è un programma di supporto basato sui principi dei Dodici Passi, simile agli Alcolisti Anonimi. Offre un ambiente di supporto reciproco dove le persone possono condividere le loro esperienze e ricevere incoraggiamento.

Terapia di Gruppo

La terapia di gruppo, guidata da un terapeuta, offre un'opportunità per esplorare i comportamenti di gioco d'azzardo in un contesto di gruppo. I benefici includono:

- **Condivisione delle Esperienze:** Apprendimento dalle esperienze degli altri.
- **Supporto Reciproco:** Creazione di una rete di supporto tra pari.
- **Feedback Costruttivo:** Ricevere feedback e suggerimenti dagli altri membri del gruppo.

Tecniche di Mindfulness e Terapie Alternative

Mindfulness e Meditazione

La pratica della mindfulness può aiutare a sviluppare una maggiore consapevolezza dei propri pensieri e comportamenti. La meditazione mindfulness è efficace nel ridurre lo stress e nel migliorare il controllo delle impulsioni.

Terapie Alternative

Terapie alternative come l'agopuntura, l'ipnoterapia e la terapia artistica possono essere utilizzate come complemento alle terapie tradizionali. Queste tecniche possono offrire benefici aggiuntivi nel processo di recupero.

Pianificazione per la Prevenzione delle Ricadute

Identificazione dei Fattori di Rischio

Identificare i fattori di rischio specifici che possono portare a una ricaduta è cruciale. Questi possono includere stress, eventi scatenanti specifici e situazioni sociali.

Sviluppo di un Piano di Prevenzione delle Ricadute

Creare un piano dettagliato che include strategie per evitare i fattori di rischio e affrontare le situazioni difficili. Il piano può includere:

- **Strategie di Coping:** Tecniche per gestire lo stress e le emozioni negative.
- **Supporto Continuo:** Accesso a gruppi di supporto e consulenza continua.
- **Attività Alternative:** Impegnarsi in attività salutari e gratificanti che sostituiscono il gioco d'azzardo.

Monitoraggio e Revisione del Piano

Rivedere e aggiornare regolarmente il piano di prevenzione delle ricadute per assicurarsi che rimanga efficace e rilevante. Questo può includere incontri periodici con un terapeuta per valutare i progressi e fare aggiustamenti necessari.

Capitolo 7: Ricostruire la Vita Dopo la Dipendenza

Ricostruire la vita dopo la dipendenza dal gioco d'azzardo richiede impegno, pazienza e una pianificazione attenta. Ripristinare le relazioni, gestire le finanze, promuovere uno stile di vita sano e pianificare per il futuro sono passi fondamentali per costruire una vita positiva e sostenibile.

Ripristinare le Relazioni Interpersonali

Riconoscere i Danni Causati

La dipendenza dal gioco d'azzardo può causare danni significativi alle relazioni personali. È importante riconoscere e accettare le conseguenze delle proprie azioni sugli altri. Questo può includere:

- **Ammettere gli Errori:** Essere onesti con sé stessi e con gli altri riguardo ai comportamenti passati.
- **Comprendere l'Impatto:** Riflettere su come la dipendenza ha influenzato le relazioni familiari, amicali e professionali.

Comunicazione Aperta e Onesta

Ripristinare la fiducia richiede una comunicazione aperta e onesta. Ecco alcuni suggerimenti:

- **Chiedere Scusa:** Esprimere sincere scuse a coloro che sono stati danneggiati dal comportamento di gioco d'azzardo.
- **Ascoltare Attivamente:** Ascoltare i sentimenti e le preoccupazioni degli altri senza interrompere o difendersi.
- **Essere Trasparenti:** Mantenere la trasparenza riguardo ai progressi nel recupero e alle sfide incontrate.

Ricostruire la Fiducia

La fiducia può essere ricostruita solo con il tempo e le azioni coerenti. Alcuni passi per ricostruire la fiducia includono:

- **Mantenere le Promesse:** Assicurarsi di rispettare gli impegni presi con gli altri.
- **Dimostrare Coerenza:** Agire in modo coerente e affidabile nel tempo.
- **Offrire Supporto e Affetto:** Mostrare affetto e sostegno agli altri per rafforzare le relazioni.

Gestione delle Finanze Personali

Valutare la Situazione Finanziaria Attuale
Il primo passo per la gestione delle finanze personali
è valutare la situazione finanziaria attuale. Questo
include:

- **Bilancio dei Debiti:** Elencare tutti i debiti
  accumulati e il loro importo.
- **Analisi delle Spese:** Monitorare le spese
  mensili per identificare le aree in cui è
  possibile risparmiare.
- **Valutazione delle Entrate:** Valutare le fonti
  di reddito attuali e future.

Creare un Piano di Rimborso del Debito
Un piano di rimborso del debito può aiutare a gestire
e ridurre i debiti accumulati. Questo può includere:

- **Prioritizzare i Debiti:** Identificare i debiti
  con tassi di interesse più elevati e dare loro
  priorità.
- **Pianificare i Pagamenti:** Stabilire un piano
  di pagamento realistico e sostenibile.

- **Negoziare con i Creditori:** Contattare i creditori per negoziare termini di pagamento più favorevoli.

Stabilire un Budget e Risparmiare

Creare un budget dettagliato è essenziale per mantenere il controllo delle finanze. Alcuni suggerimenti includono:

- **Pianificare le Spese Mensili:** Definire un budget per le spese mensili essenziali e non essenziali.
- **Risparmiare Regolarmente:** Allocare una parte delle entrate mensili a un fondo di risparmio.
- **Evitare Spese Impulsive:** Essere consapevoli delle spese impulsive e cercare di evitarle.

Sviluppo Personale e Professionale

Stabilire Obiettivi Personali

Stabilire obiettivi personali può aiutare a dare una direzione e uno scopo alla vita dopo la dipendenza. Gli obiettivi possono riguardare:

- **Salute e Benessere:** Obiettivi relativi alla salute fisica e mentale.
- **Relazioni Interpersonali:** Obiettivi per migliorare e rafforzare le relazioni.
- **Crescita Personale:** Obiettivi per lo sviluppo delle competenze e degli interessi personali.

Sviluppare Competenze Professionali

Investire nello sviluppo delle competenze professionali può migliorare le prospettive di carriera e la sicurezza finanziaria. Questo può includere:

- **Formazione Continua:** Partecipare a corsi di formazione e seminari per acquisire nuove competenze.
- **Networking Professionale:** Stabilire connessioni professionali attraverso eventi e piattaforme online.
- **Mentorship:** Cercare un mentore che possa offrire guida e supporto nel percorso professionale.

Volontariato e Coinvolgimento Comunitario

Il volontariato e il coinvolgimento nella comunità possono offrire un senso di scopo e appartenenza. Partecipare ad attività di volontariato può anche aiutare a sviluppare nuove competenze e a costruire relazioni significative.

Promuovere uno Stile di Vita Sano

Alimentazione Equilibrata

Una dieta equilibrata è essenziale per il benessere fisico e mentale. Alcuni suggerimenti per una buona alimentazione includono:

- **Cibi Nutrienti:** Consumare una varietà di cibi nutrienti, tra cui frutta, verdura, proteine magre e cereali integrali.
- **Idratazione:** Bere una quantità adeguata di acqua ogni giorno.

- **Evitare Cibi Processati:** Limitare il consumo di cibi ad alto contenuto di zuccheri, grassi saturi e sale.

Attività Fisica Regolare

L'attività fisica regolare può migliorare l'umore, aumentare l'energia e promuovere la salute generale. Alcuni consigli includono:

- **Routine di Esercizio:** Stabilire una routine di esercizio che includa attività aerobiche, di forza e di flessibilità.
- **Attività Divertenti:** Scegliere attività che si trovano piacevoli, come camminare, nuotare, ballare o fare escursioni.
- **Impegno Graduale:** Iniziare con piccoli obiettivi e aumentare gradualmente l'intensità e la durata dell'esercizio.

Sonno di Qualità

Un sonno di qualità è fondamentale per la salute e il benessere. Alcuni suggerimenti per migliorare la qualità del sonno includono:

- **Routine del Sonno:** Stabilire una routine di sonno regolare andando a letto e svegliandosi alla stessa ora ogni giorno.
- **Ambiente di Sonno Confortevole:** Creare un ambiente di sonno confortevole, buio e silenzioso.
- **Evitare Schermi Prima di Dormire:** Limitare l'uso di dispositivi elettronici prima di andare a letto per migliorare la qualità del sonno.

Costruire un Futuro Positivo e Sostenibile

Pianificazione a Lungo Termine

Pianificare a lungo termine può aiutare a stabilire una direzione chiara e raggiungere gli obiettivi desiderati. Questo può includere:

- **Obiettivi di Carriera:** Definire obiettivi di carriera a lungo termine e sviluppare un piano per raggiungerli.

- **Pianificazione Finanziaria:** Stabilire obiettivi finanziari a lungo termine, come il risparmio per la pensione o l'acquisto di una casa.
- **Sviluppo Personale:** Continuare a perseguire la crescita personale attraverso l'educazione, il volontariato e lo sviluppo delle competenze.

Monitoraggio e Valutazione dei Progressi

Monitorare e valutare regolarmente i progressi può aiutare a mantenere la motivazione e a fare aggiustamenti necessari. Questo può includere:

- **Rivedere gli Obiettivi:** Valutare regolarmente gli obiettivi stabiliti e fare aggiustamenti se necessario.
- **Celebrar i Successi:** Riconoscere e celebrare i successi raggiunti lungo il percorso.
- **Apprendimento dalle Sfide:** Riflettere sulle sfide incontrate e imparare da esse per migliorare.

Sostenibilità e Resilienza

Costruire un futuro sostenibile e resiliente richiede un impegno continuo verso il benessere personale e il recupero. Alcuni suggerimenti includono:

- **Adattabilità:** Essere pronti ad adattarsi ai cambiamenti e alle sfide che possono sorgere.
- **Supporto Continuo:** Mantenere una rete di supporto forte e chiedere aiuto quando necessario.
- **Equilibrio:** Cercare di mantenere un equilibrio tra lavoro, relazioni, salute e svago.

Nel prossimo capitolo, discuteremo delle strategie per mantenere il recupero a lungo termine, affrontando le sfide e celebrando i successi lungo il percorso.

Capitolo 8: Mantenere il Recupero a Lungo Termine

Mantenere il recupero a lungo termine richiede impegno, pianificazione e supporto continuo. Monitorare il progresso, prevenire le ricadute, sviluppare abitudini sane e celebrare i successi sono passi fondamentali per mantenere il percorso di recupero. La flessibilità e l'adattabilità ai cambiamenti della vita sono essenziali per affrontare le sfide e continuare a crescere.

Monitoraggio Continuo del Progresso

Importanza del Monitoraggio

Il monitoraggio continuo del progresso è essenziale per mantenere il recupero a lungo termine. Tenere traccia dei progressi aiuta a identificare le aree di miglioramento e a rimanere motivati.

Strumenti di Monitoraggio

Utilizzare strumenti come diari, app di monitoraggio o fogli di calcolo per registrare:

- **Frequenza del gioco d'azzardo:** Tenere traccia di eventuali episodi di gioco d'azzardo e delle situazioni che li hanno scatenati.
- **Emozioni e Pensieri:** Registrare emozioni e pensieri quotidiani per identificare pattern.
- **Obiettivi Raggiunti:** Seguire i progressi verso gli obiettivi stabiliti nel percorso di recupero.

Revisione Periodica

Effettuare revisioni periodiche del progresso con un consulente o un terapeuta per valutare i progressi e fare eventuali aggiustamenti al piano di recupero.

Prevenzione delle Ricadute

Identificazione dei Fattori Scatenanti

Riconoscere e comprendere i fattori scatenanti che possono portare a una ricaduta è cruciale. Questi possono includere:

- **Stress:** Situazioni di stress elevato o prolungato.
- **Ambienti di Gioco:** Luoghi o situazioni legati al gioco d'azzardo.
- **Emozioni Negativi:** Sentimenti di tristezza, rabbia o ansia.

Sviluppo di Strategie di Coping

Creare strategie efficaci per affrontare i fattori scatenanti e gestire le emozioni negative, come:

- **Tecniche di Rilassamento:** Pratiche come la respirazione profonda, la meditazione e lo yoga.
- **Attività Alternative:** Coinvolgersi in attività piacevoli e gratificanti che sostituiscano il gioco d'azzardo.
- **Supporto Sociale:** Cercare il sostegno di amici, familiari o gruppi di supporto.

Piano di Prevenzione delle Ricadute

Creare un piano dettagliato che includa:

- **Strategie per Evitare i Fattori Scatenanti:** Misure concrete per evitare situazioni di rischio.
- **Azioni da Intraprendere in Caso di Crisi:** Passi specifici da seguire se ci si sente tentati di giocare.

- **Contatti di Emergenza:** Nomi e numeri di persone o professionisti da contattare in caso di bisogno.

Sviluppo di Abitudini Sane

Importanza delle Abitudini Positive

Sviluppare abitudini sane è essenziale per il benessere fisico e mentale a lungo termine. Le abitudini positive possono aiutare a mantenere il recupero e migliorare la qualità della vita.

Routine Quotidiana

Stabilire una routine quotidiana che includa:

- **Attività Fisica:** Esercizio regolare per migliorare l'umore e ridurre lo stress.
- **Alimentazione Sana:** Dieta equilibrata e nutriente per sostenere la salute generale.
- **Sonno Regolare:** Ottenere un sonno di qualità sufficiente ogni notte.

Pratiche di Mindfulness

Integrare pratiche di mindfulness nella vita quotidiana per aumentare la consapevolezza e ridurre lo stress:

- **Meditazione:** Praticare la meditazione mindfulness per migliorare la consapevolezza e il controllo delle emozioni.
- **Consapevolezza delle Attività Quotidiane:** Essere presenti e attenti durante le attività quotidiane, come mangiare, camminare o fare le pulizie.

Supporto Continuo

Importanza del Supporto

Il supporto continuo è fondamentale per mantenere il recupero. Essere parte di una rete di supporto offre incoraggiamento, responsabilità e un senso di comunità.

Partecipazione ai Gruppi di Supporto

Partecipare regolarmente a gruppi di supporto come Giocatori Anonimi (GA) o altri gruppi di sostegno:

- **Condivisione delle Esperienze:** Condividere le proprie esperienze e ascoltare quelle degli altri.

- **Supporto Reciproco:** Offrire e ricevere supporto emotivo e pratico.
- **Responsabilità:** Mantenere un livello di responsabilità verso sé stessi e gli altri membri del gruppo.

Consulenza e Terapia Continuativa

Continuare con la consulenza o la terapia individuale per affrontare le sfide e mantenere i progressi. Questo può includere:

- **Sessioni Regolari:** Programmare sessioni regolari con un terapeuta o consulente.
- **Discussione dei Progressi:** Discutere i progressi, le difficoltà e le strategie per affrontarle.
- **Aggiornamento del Piano di Recupero:** Fare aggiustamenti al piano di recupero in base alle esigenze e ai cambiamenti della vita.

Celebrare i Successi

Riconoscere i Propri Successi

Riconoscere e celebrare i successi raggiunti nel percorso di recupero è fondamentale per mantenere la motivazione e il senso di realizzazione.

Stabilire Traguardi e Ricompense

Stabilire traguardi specifici e ricompense per celebrarli:

- **Obiettivi a Breve Termine:** Traguardi raggiungibili in breve tempo, come completare una settimana senza gioco d'azzardo.
- **Obiettivi a Lungo Termine:** Traguardi a lungo termine, come mantenere il recupero per un anno.
- **Ricompense Significative:** Ricompense che motivano e sono significative per la persona, come una giornata speciale o un acquisto desiderato.

Condivisione dei Successi

Condividere i successi con amici, familiari e gruppi di supporto per rafforzare il senso di comunità e il sostegno reciproco.

Adattarsi ai Cambiamenti

Flessibilità e Adattabilità

Essere flessibili e adattabili ai cambiamenti della vita è essenziale per mantenere il recupero a lungo termine. La vita è dinamica e imprevedibile, quindi è importante essere pronti ad affrontare nuove sfide e adattarsi ai cambiamenti.

Affrontare le Sfide Improvvise
Prepararsi a gestire le sfide improvvise che possono mettere alla prova il recupero:

- **Piano di Emergenza:** Avere un piano di emergenza in caso di crisi o eventi stressanti.
- **Supporto Immediato:** Sapere a chi rivolgersi per supporto immediato, come un terapeuta o un amico fidato.
- **Tecniche di Coping:** Utilizzare tecniche di coping efficaci per gestire lo stress e le emozioni negative.

Apprendimento Continuo
Impegnarsi in un apprendimento continuo per migliorare sé stessi e adattarsi ai cambiamenti:

- **Formazione e Educazione:** Partecipare a corsi e programmi di formazione per sviluppare nuove competenze.

- **Lettura e Ricerca:** Leggere libri e articoli su argomenti di interesse per ampliare le proprie conoscenze.
- **Feedback e Autovalutazione:** Cercare feedback dagli altri e riflettere su sé stessi per migliorare continuamente.

Capitolo 9: Restituire alla Comunità e Impegno Sociale

Restituire alla comunità e impegnarsi in attività sociali è un passo fondamentale per mantenere il recupero e arricchire la propria vita. Il volontariato offre numerosi benefici, tra cui il miglioramento della salute mentale, la costruzione di relazioni significative e il senso di realizzazione personale. Identificare le aree di interesse, utilizzare le proprie competenze, partecipare attivamente alle iniziative comunitarie e promuovere una cultura del volontariato sono tutti elementi chiave per fare una differenza positiva.

L'Importanza di Restituire alla Comunità

Benefici per la Salute Mentale

Restituire alla comunità ha numerosi benefici per la salute mentale, tra cui:

- **Senso di Scopo:** Aiutare gli altri può dare un forte senso di scopo e di realizzazione.
- **Autostima:** Partecipare a iniziative di volontariato può migliorare l'autostima e il senso di valore personale.
- **Riduzione dello Stress:** L'impegno nel volontariato può ridurre i livelli di stress e migliorare il benessere emotivo.

Costruzione di Relazioni Sociali

L'impegno sociale favorisce la costruzione di relazioni significative e di una rete di supporto, elementi essenziali per il recupero a lungo termine.

- **Nuove Connessioni:** Il volontariato offre l'opportunità di incontrare nuove persone e creare amicizie.
- **Supporto Reciproco:** Partecipare a progetti di comunità permette di ricevere e offrire supporto, creando legami di fiducia e collaborazione.

Opportunità di Volontariato

Identificare le Aree di Interesse

Per scegliere il tipo di volontariato più adatto, è importante identificare le proprie aree di interesse e competenze.

- **Passioni Personali:** Riflettere su ciò che appassiona e su come queste passioni possono essere utilizzate per aiutare gli altri.
- **Competenze e Talenti:** Considerare le competenze e i talenti personali che possono essere utili in attività di volontariato.

Ricerca di Opportunità

Ricercare opportunità di volontariato attraverso varie fonti:

- **Organizzazioni Locali:** Contattare organizzazioni non profit locali per scoprire le opportunità disponibili.
- **Piattaforme Online:** Utilizzare piattaforme online dedicate al volontariato per trovare progetti e iniziative che corrispondano agli interessi personali.

- **Eventi Comunitari:** Partecipare a eventi comunitari e fiere del volontariato per esplorare diverse opzioni.

Volontariato a Breve e Lungo Termine

Esplorare diverse modalità di volontariato, sia a breve che a lungo termine:

- **Progetti a Breve Termine:** Partecipare a eventi o iniziative di volontariato occasionali.
- **Impegni a Lungo Termine:** Impegnarsi in programmi di volontariato continuativi e regolari.

Contribuire con le Proprie Competenze

Utilizzare le Competenze Professionali

Utilizzare le competenze professionali per contribuire in modo significativo:

- **Consulenza e Supporto:** Offrire consulenza o supporto tecnico a organizzazioni non profit.
- **Formazione e Educazione:** Condividere conoscenze e competenze attraverso sessioni di formazione o workshop.

Contributi Creativi e Artistici

Utilizzare le capacità creative per fare la differenza nella comunità:

- **Progetti Artistici:** Partecipare a progetti artistici comunitari o creare opere d'arte per raccogliere fondi.
- **Attività Ricreative:** Organizzare attività ricreative e culturali per bambini, anziani o altre comunità.

Partecipazione Attiva nelle Iniziative Comunitarie

Progetti di Miglioramento della Comunità

Partecipare a progetti che mirano a migliorare la qualità della vita nella comunità:

- **Pulizia degli Spazi Pubblici:** Organizzare o partecipare a giornate di pulizia di parchi, spiagge e altri spazi pubblici.
- **Sviluppo di Spazi Verdi:** Contribuire alla creazione o manutenzione di giardini comunitari e spazi verdi.

Iniziative di Solidarietà Sociale

Essere parte di iniziative che promuovono la solidarietà e il supporto reciproco:

- **Raccolte di Fondi:** Partecipare a campagne di raccolta fondi per cause benefiche.
- **Distribuzione di Beni Essenziali:** Collaborare con organizzazioni che distribuiscono cibo, vestiti e altri beni essenziali a chi è in difficoltà.

Advocacy e Attivismo Sociale

Promuovere Causa di Interesse

Impegnarsi nell'advocacy per promuovere cause di interesse personale e collettivo:

- **Sensibilizzazione:** Organizzare campagne di sensibilizzazione per educare il pubblico su questioni importanti.
- **Lobbying:** Collaborare con gruppi di pressione per influenzare le politiche pubbliche a favore di cause sociali.

Partecipare a Movimenti Sociali

Essere attivi in movimenti sociali che lavorano per il cambiamento positivo:

- **Proteste e Manifestazioni:** Partecipare a proteste pacifiche e manifestazioni per sostenere diritti e giustizia sociale.
- **Gruppi di Discussione:** Unirsi a gruppi di discussione e comitati per contribuire con idee e soluzioni innovative.

Educazione e Formazione

Educazione dei Giovani

Contribuire all'educazione dei giovani attraverso programmi di mentoring e tutoraggio:

- **Mentoring:** Offrire supporto e guida a giovani in difficoltà o a rischio.
- **Programmi Educativi:** Partecipare a programmi che promuovono l'educazione e la formazione dei giovani.

Formazione Continua per Adulti

Impegnarsi in programmi di formazione continua per adulti:

- **Corsi di Alfabetizzazione:** Insegnare corsi di alfabetizzazione per adulti che vogliono migliorare le proprie competenze.

- **Workshop Professionali:** Organizzare workshop per aiutare gli adulti a sviluppare nuove competenze professionali.

Creare una Cultura di Volontariato

Promuovere il Volontariato

Promuovere una cultura del volontariato all'interno della comunità:

- **Campagne di Sensibilizzazione:** Organizzare campagne per sensibilizzare l'opinione pubblica sull'importanza del volontariato.
- **Eventi di Volontariato:** Organizzare eventi che mettano in luce le opportunità di volontariato e coinvolgano un numero maggiore di persone.

Coinvolgimento delle Aziende

Incoraggiare le aziende a promuovere il volontariato
tra i loro dipendenti:

- **Programmi di Volontariato Aziendale:**
  Collaborare con aziende per creare
  programmi di volontariato aziendale.
- **Incentivi per i Dipendenti:** Promuovere
  politiche aziendali che incentivino i dipendenti
  a fare volontariato.

Sostenibilità e Impatto a Lungo Termine

Misurare l'Impatto

Misurare l'impatto delle attività di volontariato per
garantire che siano efficaci e sostenibili:

- **Indicatori di Prestazione:** Utilizzare
  indicatori di prestazione per valutare l'impatto
  delle iniziative.
- **Feedback e Valutazione:** Raccogliere
  feedback dai beneficiari e valutare i risultati
  per apportare miglioramenti.

Sostenibilità delle Iniziative

Assicurarsi che le iniziative di volontariato siano sostenibili nel tempo:

- **Pianificazione a Lungo Termine:** Pianificare le attività di volontariato con una visione a lungo termine.
- **Coinvolgimento Continuo:** Mantenere un coinvolgimento continuo con le organizzazioni e le comunità per garantire la sostenibilità delle iniziative.

Capitolo 10: Risorse e Strumenti per il Recupero Continuo

Il percorso di recupero dal vizio del gioco d'azzardo richiede un impegno costante e l'utilizzo di una varietà di risorse e strumenti. Dalla terapia e il supporto professionale, all'uso di tecnologie e app, ai gruppi di supporto e alla formazione continua, esistono molteplici risorse disponibili per sostenere il recupero. Coinvolgere le reti di supporto personali, accedere a consulenza finanziaria e legale, e trovare mentori e modelli positivi sono tutti elementi chiave per mantenere il recupero a lungo termine.

Importanza delle Risorse e degli Strumenti
Supporto Costante

Avere accesso a risorse e strumenti adeguati è cruciale per sostenere il recupero a lungo termine. Questi possono fornire il supporto necessario per affrontare le sfide quotidiane e mantenere la motivazione.

Accesso a Informazioni e Servizi

Disporre di informazioni aggiornate e accesso a servizi specializzati può fare una grande differenza nella qualità del recupero. È essenziale sapere dove trovare aiuto e come utilizzare le risorse disponibili.

Risorse Professionali
10.2.1 Terapia Individuale e di Gruppo
La terapia è uno strumento fondamentale per affrontare il vizio del gioco d'azzardo.

- **Terapia Cognitivo-Comportamentale (CBT):** Aiuta a identificare e modificare i pensieri e comportamenti negativi associati al gioco d'azzardo.
- **Terapia di Gruppo:** Fornisce un ambiente di supporto dove condividere esperienze e strategie con persone che affrontano sfide simili.
- **Consulenza Individuale:** Sessioni personalizzate con un terapeuta per affrontare specifiche problematiche personali.

Centri di Recupero e Riabilitazione
I centri di recupero offrono programmi strutturati per il trattamento del gioco d'azzardo patologico.
- **Programmi In-Patient:** Trattamento intensivo in un ambiente controllato.
- **Programmi Out-Patient:** Supporto e trattamento continuativo senza dover soggiornare nel centro.

Strumenti Tecnologici

App di Monitoraggio e Auto-Aiuto

Le app possono essere strumenti utili per monitorare
i progressi e fornire supporto quotidiano.

- **App di Monitoraggio del Gioco
  d'Azzardo:** Applicazioni che aiutano a tenere
  traccia delle abitudini di gioco e dei progressi
  nel recupero.
- **App di Meditazione e Relax:** Applicazioni
  che offrono tecniche di meditazione e
  rilassamento per gestire lo stress.

Piattaforme Online di Supporto

Le piattaforme online possono fornire un accesso
continuo al supporto e alle risorse.

- **Forum di Supporto:** Comunità online dove
  condividere esperienze e ricevere consigli.
- **Sessioni di Terapia Online:** Accesso a
  terapeuti e consulenti attraverso piattaforme
  di videochiamata.

Gruppi di Supporto

Giocatori Anonimi (GA)

I gruppi di supporto come Giocatori Anonimi offrono un ambiente di supporto basato sulla condivisione e sulla responsabilità reciproca.

- **Incontri Regolari:** Partecipare a incontri regolari per condividere esperienze e strategie.
- **Sponsor:** Lavorare con uno sponsor per ricevere supporto e guida personalizzata.

Altri Gruppi di Supporto

Esistono diversi gruppi di supporto che possono essere utili per affrontare specifiche sfide legate al gioco d'azzardo.

- **Gruppi per Familiari:** Gruppi di supporto dedicati ai familiari di persone con problemi di gioco d'azzardo.
- **Gruppi di Supporto Tematici:** Gruppi che si concentrano su particolari aspetti del recupero, come la gestione dello stress o lo sviluppo di nuove abilità.

Educazione e Formazione Continua

Programmi Educativi

I programmi educativi possono fornire le conoscenze necessarie per comprendere meglio il problema del gioco d'azzardo e le strategie per affrontarlo.

- **Corsi e Workshop:** Partecipare a corsi e workshop sul gioco d'azzardo patologico e sul recupero.
- **Materiali Didattici:** Utilizzare libri, articoli e altre risorse educative per approfondire le conoscenze.

Formazione Professionale

Sviluppare nuove competenze e conoscenze può aiutare a migliorare la qualità della vita e aprire nuove opportunità.

- **Corsi di Formazione Professionale:** Iscriversi a corsi che migliorano le competenze lavorative e personali.
- **Programmi di Sviluppo delle Carriere:** Partecipare a programmi che aiutano a esplorare nuove carriere e opportunità professionali.

Supporto Finanziario e Legale

Consulenza Finanziaria

Ricevere consulenza finanziaria può aiutare a gestire meglio le finanze e a recuperare dalla dipendenza dal gioco d'azzardo.

- **Piani di Gestione del Debito:** Creare piani per gestire e ridurre i debiti accumulati a causa del gioco d'azzardo.
- **Consulenza sul Bilancio:** Imparare a gestire il bilancio personale per evitare ricadute finanziarie.

Assistenza Legale

A volte può essere necessario ottenere assistenza legale per affrontare le conseguenze del gioco d'azzardo.

- **Consulenza Legale:** Ricevere consulenza su questioni legali legate al gioco d'azzardo, come problemi di debito o controversie contrattuali.
- **Rappresentanza Legale:** Accedere a rappresentanza legale per difendere i propri diritti in caso di necessità.

Reti di Supporto Personali

Famiglia e Amici

Coinvolgere la famiglia e gli amici nel percorso di recupero può fornire un sostegno emotivo e pratico essenziale.

- **Comunicazione Aperta:** Mantenere una comunicazione aperta e onesta con i propri cari.
- **Attività Condivise:** Partecipare a attività che rafforzano i legami familiari e di amicizia.

Mentori e Modelli Positivi

Trovare mentori e modelli positivi può ispirare e guidare nel percorso di recupero.

- **Mentoring:** Lavorare con un mentore che ha superato problemi simili.
- Role Models: Identificare e seguire persone che rappresentano modelli di successo e recupero.

Capitolo Finale: Riassunto e Conclusioni

Il Viaggio verso la Libertà dal Gioco d'Azzardo

Il percorso verso la libertà dal vizio del gioco d'azzardo è un viaggio complesso e impegnativo, ma assolutamente realizzabile. Attraverso i capitoli precedenti, abbiamo esplorato diversi aspetti fondamentali per affrontare e superare questa dipendenza. Questo capitolo finale ha l'obiettivo di riassumere i punti chiave di ogni fase del percorso, per fornire una visione d'insieme e sottolineare l'importanza di ogni elemento nel processo di recupero.

Riconoscere il Problema e Prendere Consapevolezza

Il primo passo verso la guarigione è sempre la consapevolezza. Il **Capitolo 1** ha sottolineato l'importanza di riconoscere il problema e di prendere atto del proprio comportamento. Senza questa consapevolezza iniziale, è impossibile intraprendere un percorso di cambiamento. Comprendere gli effetti del gioco d'azzardo sulla vita personale, lavorativa e sociale è essenziale per motivarsi a cercare aiuto.

Creare un Piano di Recupero

Una volta riconosciuta la dipendenza, il passo successivo è la creazione di un piano di recupero, come discusso nel **Capitolo 2**. Questo piano deve essere personalizzato e realistico, includendo obiettivi specifici, strategie per affrontare le tentazioni, e un calendario per monitorare i progressi. Un buon piano di recupero funge da guida durante tutto il percorso e deve essere flessibile per adattarsi a nuove sfide e circostanze.

Cercare Supporto

Nel **Capitolo 3**, abbiamo esplorato l'importanza del supporto. Il recupero non è un percorso da affrontare in solitudine. Famiglia, amici, gruppi di supporto come Giocatori Anonimi, e professionisti della salute mentale giocano un ruolo cruciale nel fornire sostegno emotivo, consigli pratici, e responsabilità. Costruire una rete di supporto forte è uno dei pilastri fondamentali per il successo a lungo termine.

Affrontare le Cause Sottostanti

Il **Capitolo 4** ha affrontato la necessità di esaminare
e gestire le cause sottostanti del comportamento di
gioco d'azzardo. Spesso, il gioco d'azzardo
patologico è legato a problemi emotivi, traumi,
stress, o altre dipendenze. Comprendere questi
fattori e affrontarli attraverso la terapia o altre forme
di intervento è essenziale per prevenire ricadute e
promuovere un recupero duraturo.

Gestire le Finanze

Uno degli aspetti più devastanti del gioco d'azzardo
patologico è il suo impatto sulle finanze personali,
come discusso nel **Capitolo 5**. Riappropriarsi del
controllo delle proprie finanze è un passo cruciale
nel percorso di recupero. Creare un budget, gestire i
debiti, e prendere decisioni finanziarie consapevoli
sono elementi chiave per ricostruire una vita stabile e
sicura.

Cambiare Stile di Vita

Nel **Capitolo 6**, abbiamo parlato dell'importanza di cambiare lo stile di vita per supportare il recupero. Abbandonare le vecchie abitudini legate al gioco d'azzardo e sostituirle con attività salutari e appaganti è essenziale. L'esercizio fisico, l'alimentazione equilibrata, il sonno regolare, e lo sviluppo di nuove passioni contribuiscono a migliorare il benessere generale e a ridurre il desiderio di giocare.

Mantenere la Motivazione e Prevenire le Ricadute

Il **Capitolo 7** ha trattato la questione cruciale della motivazione e della prevenzione delle ricadute. Il recupero è un percorso lungo e complesso, e mantenere alta la motivazione è essenziale per continuare a fare progressi. Identificare i trigger, sviluppare strategie per affrontarli, e celebrare i successi, anche piccoli, sono elementi chiave per rimanere sulla strada giusta.

Restituire alla Comunità e Impegno Sociale

Il **Capitolo 8** ha evidenziato l'importanza di restituire alla comunità e di impegnarsi in attività sociali. Partecipare al volontariato e contribuire al bene comune non solo rafforza il senso di autostima e di appartenenza, ma aiuta anche a dare un nuovo scopo alla propria vita, distogliendo l'attenzione dal gioco d'azzardo.

Utilizzare Risorse e Strumenti per il Recupero Continuo

Infine, il **Capitolo 9** ha fornito una panoramica sulle risorse e gli strumenti disponibili per sostenere il recupero. Terapie, gruppi di supporto, app e piattaforme online, consulenza finanziaria e legale, formazione continua e reti di supporto personale sono tutti strumenti fondamentali per mantenere il benessere e la stabilità a lungo termine.

Conclusioni Finali

Il percorso di recupero dal vizio del gioco d'azzardo
è un viaggio di trasformazione personale che richiede
coraggio, determinazione, e un supporto adeguato.
Ogni capitolo di questo libro ha fornito gli strumenti
e le conoscenze necessari per affrontare e superare
questa dipendenza. È importante ricordare che il
recupero è un processo continuo e che, anche dopo
aver raggiunto un punto di stabilità, sarà necessario
continuare a lavorare su se stessi e mantenere una
vigilanza costante.

In questo percorso, la chiave del successo sta
nell'equilibrio: equilibrio tra il riconoscimento delle
proprie debolezze e la celebrazione dei propri
successi, tra il sostegno ricevuto dagli altri e il lavoro
su se stessi, e tra l'accettazione del passato e la
costruzione di un futuro migliore. Con gli strumenti
e le risorse giuste, e un impegno costante, è possibile
superare il vizio del gioco d'azzardo e vivere una vita
più piena, soddisfacente, e libera da dipendenze.

Storia di Marco: Un Viaggio di Trasformazione

Marco è un uomo di 38 anni, originario di una piccola città nel nord Italia. Lavora come tecnico informatico in una grande azienda e ha sempre avuto una passione per la tecnologia. Marco è sposato con Laura, con la quale ha due figli piccoli, Giulia e Matteo. Nonostante una vita apparentemente normale e stabile, Marco ha vissuto per molti anni un'ombra nascosta: la dipendenza dal gioco d'azzardo.

Inizio della Dipendenza

Il rapporto di Marco con il gioco d'azzardo è iniziato in modo innocuo. Tutto è cominciato con le scommesse sportive durante il fine settimana, un passatempo che condivideva con i suoi amici. Tuttavia, nel corso del tempo, ciò che era iniziato come un semplice hobby si è trasformato in una vera e propria dipendenza. Marco ha cominciato a scommettere sempre più frequentemente, arrivando a trascorrere intere serate nei casinò online e a spendere somme sempre maggiori.

La sua dipendenza ha iniziato a influenzare negativamente la sua vita. I problemi finanziari si accumulavano, i litigi con Laura diventavano sempre più frequenti, e il suo lavoro ne risentiva. Marco ha iniziato a nascondere la sua dipendenza, mentendo alla moglie e agli amici su dove andavano a finire i loro soldi. Arrivò un punto in cui aveva accumulato debiti significativi e cominciava a perdere il controllo della propria vita.

Il Punto di Svolta

Il punto di svolta per Marco è arrivato una sera, quando Laura ha scoperto il loro conto in banca quasi vuoto e diverse notifiche di debiti non pagati. La discussione che ne è seguita è stata devastante. Laura, che fino a quel momento aveva cercato di sostenere Marco nonostante i suoi problemi, ha minacciato di andarsene, portando con sé i bambini, se lui non avesse cercato aiuto immediato.

Questo confronto ha scosso profondamente Marco. Per la prima volta ha riconosciuto la gravità della sua dipendenza e la necessità di prendere provvedimenti seri. Si è reso conto che stava per perdere tutto ciò che gli era caro: la sua famiglia, il suo lavoro, e la sua dignità.

Applicazione dei Consigli del Libro

Marco, su consiglio di un amico, ha deciso di seguire i suggerimenti di un libro che aveva sentito nominare in passato, che prometteva di aiutare le persone a superare la dipendenza dal gioco d'azzardo. Questo libro è diventato la sua guida nel percorso di recupero.

1. **Riconoscere il Problema e Prendere Consapevolezza** Marco ha iniziato il suo percorso ammettendo a sé stesso che aveva un problema grave. Ha letto attentamente il **Capitolo 1** del libro, che lo ha aiutato a riflettere sui segni della sua dipendenza e sugli effetti devastanti che aveva sulla sua vita. Ha scritto una lettera a sé stesso in cui descriveva tutti i modi in cui il gioco d'azzardo aveva rovinato la sua vita, un esercizio consigliato nel libro per prendere piena consapevolezza del problema.

2. **Creare un Piano di Recupero** Dopo aver
    riconosciuto il problema, Marco ha seguito le
    indicazioni del **Capitolo 2** per creare un piano
    di recupero. Ha stabilito obiettivi chiari e
    misurabili, come evitare i casinò online e
    ridurre gradualmente le scommesse sportive.
    Ha creato un calendario per monitorare i suoi
    progressi e ha inserito delle "ricompense" per
    sé stesso ogni volta che raggiungeva un
    obiettivo, come trascorrere più tempo con la
    sua famiglia o concedersi una serata al cinema.

3. **Cercare Supporto** Marco ha capito che non
    poteva affrontare questa battaglia da solo. Ha
    condiviso il suo piano di recupero con Laura e
    ha chiesto il suo supporto. Insieme, hanno
    deciso di frequentare sessioni di terapia di
    coppia, come suggerito nel **Capitolo 3** del
    libro. Inoltre, Marco ha iniziato a partecipare
    agli incontri di Giocatori Anonimi nella sua
    città, dove ha trovato un gruppo di persone
    che stavano affrontando problemi simili.
    Questo supporto emotivo e pratico si è
    rivelato essenziale per il suo recupero.

4. **Affrontare le Cause Sottostanti** Grazie al **Capitolo 4**, Marco ha iniziato a lavorare sulle cause sottostanti della sua dipendenza. Con l'aiuto di un terapeuta, ha esplorato come lo stress lavorativo e i problemi di autostima avessero contribuito al suo rifugio nel gioco d'azzardo. Hanno lavorato insieme per sviluppare strategie di coping più sane, come la meditazione e l'esercizio fisico, per gestire lo stress e rafforzare la sua autostima.

5. **Gestire le Finanze** Il **Capitolo 5** si è rivelato particolarmente utile per Marco, che doveva affrontare i debiti accumulati. Ha contattato un consulente finanziario e ha creato un piano di rientro dai debiti. Ha anche aperto un conto bancario separato, gestito da Laura, per evitare tentazioni e garantire che le spese familiari fossero coperte.

6. **Cambiare Stile di Vita** Seguendo i consigli del **Capitolo 6**, Marco ha deciso di cambiare radicalmente il suo stile di vita. Ha iniziato a correre ogni mattina, ha eliminato le serate trascorse davanti al computer a giocare, e ha ripreso un vecchio hobby: la fotografia. Questo cambiamento lo ha aiutato a riempire il vuoto lasciato dal gioco d'azzardo e a concentrarsi su attività che lo rendevano felice e appagato.

7. **Mantenere la Motivazione e Prevenire le Ricadute** Marco ha imparato dal **Capitolo 7** quanto sia importante mantenere alta la motivazione. Ha scritto una lista dei motivi per cui voleva smettere di giocare e l'ha tenuta sempre con sé, leggendo la lista ogni volta che sentiva il desiderio di scommettere. Ha anche implementato le tecniche di prevenzione delle ricadute suggerite nel libro, come evitare i luoghi associati al gioco e impostare blocchi sui siti di scommesse.

8. **Restituire alla Comunità e Impegno Sociale** Con il tempo, Marco ha iniziato a sentire il bisogno di dare qualcosa in cambio alla comunità. Il **Capitolo 8** lo ha ispirato a impegnarsi nel volontariato. Ha iniziato a collaborare con un'associazione che aiuta giovani in difficoltà, condividendo la sua storia e offrendo supporto a coloro che affrontavano problemi simili. Questo impegno lo ha aiutato a dare un nuovo significato alla sua vita e a rafforzare il suo impegno verso il recupero.

9. **Utilizzare Risorse e Strumenti per il Recupero Continuo** Infine, Marco ha sfruttato le risorse e gli strumenti descritti nel **Capitolo 9** per mantenere il suo percorso di recupero. Ha continuato a frequentare le sessioni di terapia, ha utilizzato app di monitoraggio per tenere traccia dei suoi progressi, e ha partecipato a corsi di formazione per migliorare le sue competenze professionali, dando nuova linfa alla sua carriera.

Conclusione

Oggi, Marco è libero dalla dipendenza dal gioco d'azzardo. La sua vita è cambiata radicalmente: ha ricostruito il rapporto con Laura e i suoi figli, ha ripreso il controllo delle sue finanze, e ha trovato nuovi modi per godersi la vita senza ricorrere al gioco. Ogni giorno è consapevole delle sfide che ha superato e sa che il recupero è un processo continuo. Ma, grazie ai consigli e alle strategie apprese dal libro, ha costruito una base solida su cui continuare a crescere e prosperare.

La storia di Marco è un esempio di come, con la giusta consapevolezza, il supporto necessario e l'impegno personale, sia possibile superare anche una dipendenza apparentemente insormontabile.

FINE

Vuoi eliminare il vizio del fumo?
Leggi il libro di Accademia LD dal titolo:
"Smettere di fumare e rinascere: il tuo percorso
verso una vita senza sigarette"

Se questo libro ti è stato utile, una recensione su Amazon a 4/5 stelle mi aiuterebbe a raggiungere nuovi lettori.
Grazie.